穷养 富养
不如有教养

小红象童书工作室 主编

中央编译出版社
Central Compilation & Translation Press

人物介绍

爸爸，是一位严厉的父亲，孩子犯错他会批评，他发起火来有些吓人，但他很爱自己的孩子和妻子，对妻子言听计从、温柔似水。

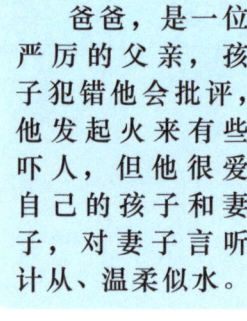

妈妈，是一位温柔贤淑的好妻子、好母亲，常常耐心地教导孩子，将家中一切事务打理得井井有条，扮演着家庭中最重要的角色。

楠楠，小学生，是一个喜欢玩游戏、看动画片的男孩，活泼开朗、敢于冒险、人小鬼大。虽然他有些顽皮，却是个知错能改的好孩子。

书生，是一个学富五车、彬彬有礼，从古代穿越而来的人，他教会了楠楠许多道理。

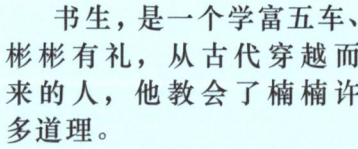

前言

"仁义礼善之于人也,辟之若货财粟米之于家也。"仁义礼善对于人,就好像财物、粮食对于家庭一样重要,好品质是判断一个人是否有教养的重要标准。"礼"是一种道德规范,是人们在社会交际中的行为准则,如何才能成为懂礼守礼、有教养的好孩子呢?

其实这个问题并不难。首先,要有整洁干净的仪容仪表、大方从容的谈吐举止、严格规范的仪态行为;其次,要注重衣食住行、与人交往的讲究,只要你能做好生活中的每一件小事,就离成为一个有教养的好孩子不远了!正是这些小细节和好习惯构成了一个人的教养,但养成这些好习惯不能一蹴而就,需要长久的坚持。

"锲而舍之,朽木不折;锲而不舍,金石可镂。"相信通过日复一日的坚持,你一定可以成为有教养的好孩子!

"礼"是对自我的严格要求,也是尊重他人的表现,中华民族是礼仪之邦,无论是规范自身还是待人接物都讲究一个"礼"字,同时"礼"更是文化的传承和家族的延续,它承载着中国传统文化的核心和价值。

习得好教养并不只是小朋友自己的事,对家长来说也是非常重要的!家长一定要言传身教,做孩子的好榜样,在日常生活中保持良好的教养,让小朋友在耳濡目染中养成良好的习惯。

接下来,让我们跟着这本书一起学习吧!

02	节约粮食
07	拒绝好意要委婉
12	学会分享
17	"问好"很重要
21	吃东西时要安静
26	尊师重道
31	遵守公共秩序是很重要的
35	收到礼物后的做法
39	使用餐具的讲究
44	用积极的心态面对挫折
48	去做客要提前告知主人
52	一定要守时
56	有求于人时要有礼貌
61	做客时不能乱翻东西
65	咳嗽、打喷嚏可不能对着别人
69	茶满欺人,酒满敬人
72	说"对不起"并不难
76	行不中道,立不中门
80	养成随手关门的好习惯
84	耐心倾听
88	换位思考很重要
92	做人做事言而有信
96	学会感恩
101	给他人起外号很不礼貌
104	不用手随便指人
109	不说脏话
113	倾听时,看着对方眼睛

节约粮食

楠楠正在客厅聚精会神地看电视。他一边目不转睛地盯着屏幕,一边吃着坚果,桌子上还有几个喝剩的酸奶瓶,坚果壳掉了一桌子。

楠楠,快来吃饭!

妈妈,我不饿。

怎么不吃啊?

吃了那么多零食,怎么还吃得下去饭!

楠楠将碗里的胡萝卜丝扔在桌子上。

楠楠把食物撒得满桌子都是。

突然，一个布衣书生出现在楠楠眼前，他盘坐在空中正摇头晃脑地念着手中的书简。

我是楠楠,这里是我家。你是谁?

在下是一名书生,看来我是被召唤到未来了。"一粥一饭,当思来之不易;半丝半缕,恒念物力维艰。"在我生活的时代,大多数百姓都靠种地为生。在烈日炎炎的盛夏,农民们会不停地劳作,他们身上的汗珠浸湿衣袖、滴进泥土,为的就是耕种被你撒了满桌子的这些食物。你知道一粒米究竟有多么来之不易了吧?

我给你讲个故事吧。明太祖朱元璋的故乡在凤阳,凤阳至今还流传着一个有关"四菜一汤"的歌谣:"皇帝请客,四菜一汤,萝卜韭菜,着实甜香;小葱豆腐,意义深长,一清二白,贪官心慌。"这首歌谣源于一个历史故事。朱元璋在给皇后过生日时,只用红萝卜、韭菜,青菜两碗,小葱豆腐汤宴请众官员,并且下令:"今后不论谁摆宴席,只许四菜一汤,谁若违反,严惩不贷。"身居高位者仍能勤俭节约,怪不得朱元璋能说出"珠玉非宝,节约是宝"这样的名言。所以你生在这个衣食无忧的年代,也更应该懂得粮食的宝贵才对。

我明白了!

"咻"的一声,书生消失不见了。时间倒转,重新开始流逝,爸爸正打算教训楠楠。

楠楠立马将桌子上的饭菜收拾干净,开始大口大口地吃起来。

"锄禾日当午,汗滴禾下土。谁知盘中餐,粒粒皆辛苦。"春种秋收,每一粒米都蕴含着农民日以继夜辛勤劳作的心血。节约粮食,不让这些汗水付诸东流,既是我们每个人的责任和义务,也是中华民族勤俭节约的优秀传统美德。

民以食为天,在曾经物资匮乏的年代,每一粒米都无比珍贵,条件好的家庭逢年过节才能吃上几口肉,条件不好的家庭就连吃上一顿饱饭都很困难。如今,我们有幸生活在这个幸福的时代,更应该怀着感恩之心对待每一份食物。勤俭节约,将节约粮食作为自己的责任,只有每个人都为此尽一份力,才能让我们的生活越来越好。

那么我们具体该如何做呢？希望你能记住以下几点哦！

1. 不能铺张浪费，要适量用餐。

2. 一定要践行"光盘行动"哦！在外就餐时，尽量不剩餐，如有剩余，一定要打包带走。

3. 看到身边的人有浪费粮食的行为，一定要勇敢地站出来制止！

4. 不挑食，不浪费，饮食均衡才能茁壮成长！

希望你能从现在做起，节约每一粒粮食哦！

拒绝好意要委婉

楠楠并没有发现妈妈的异样，仍专注地解着题。

为什么不让妈妈教你?

我想自己做出来啊,这个题型我以前会做的!现在不知道是哪里出错了,所以我一定要自己做出来!

可是你伤了妈妈的心哦……

哦?

拒绝别人的好意时一定要委婉哦,这才是有教养、尊重别人的表现。妈妈的初心是想帮助你,所以你一定不能让她寒心啊。

哦,我明白了,可是……那我应该怎么做呢?

首先,要向对方表达感谢,感谢对方的好意。其次,要表达清楚自己的想法,让对方明白你的拒绝是事出有因。最后,要向对方表达歉意,让对方感受到你对他的尊重。

我明白了!

妈妈,对不起。我刚刚态度不好,谢谢妈妈想要教我做题!我只是想通过自己的努力把那道题做出来,要是我最后实在解不出来的话,妈妈再来教我,可以吗?

当然可以啦!

小朋友，拒绝别人的好意时一定要用书生告诉楠楠的方法去做哦！委婉地拒绝也是一种尊重他人的体现！

学会分享

周末,爸爸和楠楠在客厅里玩玩具,桌子上堆满了玩具汽车、积木等,父子俩沉浸在欢声笑语中。

楠楠,再过一会儿你的表弟就要来了,快收拾收拾。

表哥!

两人正聊得不亦乐乎,爸爸突然从背后拿出两个还没有拆封的新款玩具小汽车来。

哇!

看到妈妈来了,楠楠坐在地上开始号啕大哭。

"咻"的一声,书生出现在了楠楠身边,摸着楠楠的头安慰他。

我又做错什么了？难道哥哥就应该让着弟弟吗？那是我爸爸买的！而且我两个都想要……我不想选。

这世间没有谁一定要让着谁的道理，但你的爸爸是想让你学会分享。

分享？

"汉朝时，有一个叫孔融的孩子，他有五个哥哥，一个弟弟。有一日家中吃梨，哥哥和弟弟们都争抢着拿大的，只有孔融默默地站在一旁，大家便问他为何不吃梨？孔融说：'我年龄最小，理应让哥哥们先拿大的。'大家又问：'那你为何又让着弟弟呢？'孔融说：'他小，理应让他先拿，我最后拿一个小的。'人们听了孔融的话都对他赞不绝口。"书生说道。

兄友弟恭固然要遵守,但这个故事中最重要的是孔融乐于分享的品质。孔融分享梨的这么一个小举动,能让全家人为之欣慰喜悦,何乐而不为呢?

表弟,你先选吧!我们一人一个!

书生说罢便消失了,留楠楠一人愣在原地。

分享在我们的生活中非常重要。分享快乐,你就可以得到双倍的快乐;分享伤心,你也可以得到他人的安慰和鼓励。所以试着和你的家人、朋友分享一件事或一个物品吧,你一定会有不同的体验哦!

"问好"很重要

妈妈一手拎着一个大袋物品,一手拉着楠楠。楠楠吃着冰激凌,两人悠哉地走在回家的路上。

楠楠妈,接楠楠回家啊?

嗯!

楠楠站在一旁听两人寒暄,阿姨的视线落在了楠楠身上。

楠楠,问好啊。

啊？

问好。

"咻"的一声，书生从天而降，落在楠楠身边。

妈妈想让我做什么？

妈妈是让你向这位阿姨问好，这是一种与人交往必不可少的礼仪。在我生活的时代，与人见面时也要问好，有时要作揖，拱手高举，自上而下。古代汉族男子之间还有一种跪拜礼，也叫拜手，以跪而头叩地即举为顿首，跪拜礼中的稽首是最高的礼节了，常为臣子拜见君王时所用。

这些你不必记住，我只是想要告诉你，"问好"是重要且必要的。在你如今生活的时代，"问好"已经不需要像我们那样纷繁复杂，只要在称呼后面加上"好"字即可，对长辈也可鞠躬表示尊敬。

见面时相互问候是中国人从古至今与人交往时必不可少的礼仪。"问好"是一种态度,也是一个习惯,主动向别人"问好",能增加对方对自己的好感,也是小朋友有礼貌的一种表现哦!

叔叔阿姨好!

吃东西时要安静

楠楠和妈妈正在面馆里吃面条。

味溜，味溜……

吧唧，吧唧……

抱歉，抱歉。

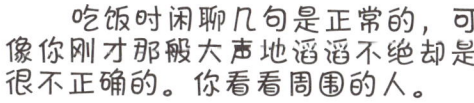

在外就餐时,大声讲话会影响别的食客哦,大声吸面条和吧唧嘴也是很不礼貌的!

楠楠点点头。

书生走后,楠楠安静地吃完了面条。

妈妈终于松了一口气。

"食不言"既是为了遵循餐桌礼仪和传承习俗,又是为了保护你的身体健康哦!人们在进食时,消化系统在大脑的统一指挥下有条不紊地工作。如果吃饭时说话,会造成食物未经充分咀嚼,就进入肠胃,时间久了,会对你的胃很不好,甚至会造成很多疾病。所以为了你的身体健康,吃饭时要专注哦!

尊师重道

老师正在讲台上奋笔疾书:"床前明月光,疑是地上霜,举头望……"楠楠的心思却不在课堂上,他正坐在座位上向旁边扔纸飞机。

楠楠!

楠楠仍旧没有停下玩闹的行为,毫不理会正对他进行批评教育的老师。

您好,是楠楠的妈妈吗?我是楠楠的班主任……

楠楠背着书包、哼着歌回到家。妈妈双手环抱在胸前,脸色凝重地坐在沙发上,似乎已经等了很久的样子。

书生娓娓道来:"让在下给你讲一个'曾子避席'的故事吧。孔子有一弟子名为曾子。有一次,曾子在孔子身旁侍坐,孔子便问道:'以前的圣贤之王有至高无上的德行,精要奥妙的理论,用来教导天下之人,人们就能和睦相处,君王和臣下之间也没有不满,你知道它们是什么吗?'曾子闻言,明白孔子是要为他传授道理,于是曾子立即从坐着的席子上站起来,走到席子外,恭恭敬敬地说道:'我不够聪明,哪里能知道,还请老师把这些道理教给我。'"

书生讲完,楠楠似懂非懂地点点头。

首先,中华文化博大精深、源远流长,你不可小瞧了语文这一门学科,要对知识存有敬畏之心。其次,你最大的错误就是不尊重老师,尽管你已经懂得老师所教授的知识,也要尊重老师、尊重课堂,认真将课上完,你会学到更多,甚至远超你的认知。

我明白了!

"尊师重道"是中华民族的优秀传统美德。尊敬授业的人、重视应遵循的道德规范是我们每一个人都应该奉行的准则,"曾子避席""程门立雪"这样的故事也成了广为流传的佳话。教师是传递、播撒知识种子的辛勤园丁,他们应该受到学生的尊重。尊重教师,也是尊重知识,只有这样,知识才会真正地回报你!

遵守公共秩序是很重要的

爸爸和妈妈带着楠楠去看电影,买票的队伍排起了长龙。

我要三张电影票!

抱歉,抱歉。

哇!

遵守公共秩序，是每一位公民的责任。只有所有人都认真遵循，我们的社会才会越来越好，可爱的你也一定要记住以下几点哦！

1. 爱护公物。不能随意破坏公共场所的公物，你的简笔画要留在画纸上哦。

2. 讲究卫生。不能在公共场所乱扔垃圾，保护环境，人人有责！

3. 遵守秩序。在公共场所一定要自觉遵循公共秩序，自觉排队，行为举止要文明。

4. 在图书馆或电影院这类公共场所，一定要保持安静，不能大声喧哗哦！

收到礼物后的做法

生日快乐，楠楠！

猜猜这是什么？

妈妈，是玩具汽车吗？

没有听到回应，楠楠奇怪地抬起头。原来是书生来了，他正坐在餐桌前看着楠楠。

妈妈？

楠楠,不可以这样!

嗯?

收到礼物时一定要先向送礼物的人表达感谢。《诗经·卫风·木瓜》中说:"投我以木桃,报之以琼瑶。"这句诗直到你们这个年代仍然家喻户晓,这句诗的意思是:你将木桃投赠予我,我便拿琼瑶作为回报。回报的东西远比收到的东西的价值高,其中蕴含着收礼人对送礼人浓浓的感谢之意。无论是爱情、亲情还是友情,都需要双方用感恩之心来维护。

所以爸爸和妈妈送给你生日礼物,你要先对他们说"谢谢"才能拆礼物哦,这样收礼的人和送礼的人都会很高兴的。

我记下了!

生日快乐。

书生留下一只用木头雕刻的小鸟后便消失了。

谢谢你,书生!

谢谢妈妈!

妈妈和楠楠高兴地拥抱在一起。

小朋友，收到别人送的礼物一定要先向对方表达感谢哦！别人收到你送出的礼物后也一定会将感谢同样回馈给你的，只有这样你与对方的感情才会长存。

使用餐具的讲究

餐桌上,楠楠和爸爸妈妈正在吃午饭。

楠楠想喝水,便将筷子插在米饭上,去拿水喝。

把筷子拿出来!

怎么了?

你刚刚的这些行为都是极其不符合礼仪的,使用餐具也要讲礼仪。将筷子插在米饭上寓意很不好,在饭菜里翻找也是一种不尊重其他用餐之人的表现哦。

原来是这样。

在家如此,在外就餐就更要注意了,否则,别人会对你产生不好的看法。

好!我记住了。

书生离开后,楠楠不再用筷子翻找了,而是看准了一片青菜就将其夹回自己的碗里。

楠楠开始大口地吃起饭来。

爸爸看着楠楠欣慰地点着头。

没想到使用餐具也有很多讲究吧！中国人吃饭最常用的就是筷子，吃饭时你一定要做到以下几点哦！

1. 不能总是把筷子放在嘴里来回嘬，这会给与你一同用餐的人很不好的感受。

2. 不要用筷子敲碗，也不能将筷子插在饭里！

3. 在饭菜里翻找也是极其不好的习惯，与你一同就餐的人会感到很不舒服。

4. 吃饭时，不能用一支筷子去插盘子里的菜品！饭菜和筷子都不是玩具！

用积极的心态面对挫折

没关系,重新画一幅就好了。

这可是我画了一下午的作品!

妈妈怎么劝都没用,楠楠仍在不停地哭。

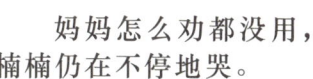

别哭啦!

我给你讲一个故事吧。有一年,孙权的书房中新添了一道屏风,画家曹不兴应召为其在绢素上配画。曹不兴拿起笔,稍不留神毛笔误点了下去,他急忙收笔,但已经来不及了,雪白的绢面上出现了一个小墨点。旁边的人都惋惜道:"败笔,真可惜。"曹不兴对着小墨点仔细端详了片刻,然后提笔将小墨点改画成一只苍蝇,又在旁边画了许多花花草草。后来,孙权观赏这幅画时,发现画上有只苍蝇,想将它赶走,便伸手去弹了几下,可是苍蝇并没有飞走。他很疑惑,仔细一看才发现,苍蝇原来是画上去的,忍不住惊道:"好!实乃神来之笔。"这就是"神来之笔"的故事。

哇,这个曹不兴好厉害啊!

确实厉害,不过能成就他这神来之笔的其实是他乐观的态度。如果绢素被染黑后他立马就悲观放弃,那世上永远也不会出现如此精妙绝伦的画作。

在书生的帮助下,画上被颜料浸染的地方变成了树在湖中的倒影,楠楠的眼睛顿时亮了起来。

看,一幅精美的画作诞生了!

遇到不好的事不要悲观哦，个人的态度往往会产生很大的作用。当面对问题的时候，要用积极的、乐观的态度去解决，说不定坏事就会顺利解决，好事也会变得更好哦！

去做客要提前告知主人

妈妈,我去找表弟玩啦!

说着,楠楠向门口走去。

等等!你什么时候跟表弟约好的?

我没有跟他约好啊。

那你怎么去?

走着去啊!放心吧,妈妈!表弟家我去过很多次了,而且离我们家很近啊。

你要先跟表弟说一声再去哦!

为什么啊?我知道表弟家在哪儿的。

楠楠背着书包就要向门口走。突然,楠楠感觉有一股力量将他向后扯,原来是书生拉住了他的书包。

南宋诗人叶绍翁在他的名篇《游园不值》中写道："应怜屐齿印苍苔，小扣柴扉久不开。"意思是：也许是园主担心我的木屐踩坏他爱惜的青苔，我轻轻地敲柴门，却久久没有人来开。这首《游园不值》是诗人在说自己在游园时没有遇到主人，所以才没能进去。如果你不先跟表弟沟通好就去找他，很可能会遇到"游园不值"的情况哦！

不过这也是相对你自己而言，如果你没有提前约表弟，也会对表弟一家造成不便啊。他们很可能会对你的到来感到措手不及，甚至如果表弟今天要去上兴趣班，就会因为你打乱自己的周末计划。所以这样不论是于你还是于表弟都是很不方便。

妈妈，我可以给表弟家打个电话吗？

去别人家拜访时也要注重礼仪哦！有约在先是最重要的，提前跟主人沟通好时间，在快到时再告知主人一声，这是去别人家拜访前必须做到的哦！

一定要守时

楠楠拿着课外书在房间里看得津津有味。

楠楠,你不是跟表弟约好今天下午三点去游乐场吗?

对啊。

马上就三点了,你怎么还坐在这里看书?

等我看完这一章!

"咻"的一声,书生站在楠楠面前,楠楠手中的课外书瞬间到了书生的手上。

不守时是一种很不好的习惯哦!

嗯?

守时与否常常跟一个人的品行挂钩,也是衡量一个人是否守信的重要标准。守时守信,一个人品行端正的表现,才能赢得其他人的喜爱和信任。

那……世界上有人能永远守时吗?

德国有一位著名的哲学家,名叫伊曼努尔·康德。有一次他要去拜访一位朋友,虽然已经与朋友约好了时间,但他为了不迟到还是提前了很长时间出发,可路上不幸遇到洪水,河上的桥被冲垮了。康德乘坐的马车无法过河,于是他便四处寻找船来渡河,但找了很久都没能找到。眼看约定的时间就要到了,他就给了附近一个农民很多钱,把农民的房子拆了做成一条船渡河,最后他成功地如约而至。世界上也许没有人敢保证自己能永远守时,很多时候我们都会在赴约的路上遇到像康德遇到的这样的特殊情况,但只要你能像康德那样全力赴约,就算最终没能赶上约定时间,我相信与你有约之人也定不会责怪你。

> 守时是非常重要的良好品格,时间宝贵,守时既是对他人的尊重也是对自己的尊重。
> 遵守时间的习惯也是要从小养成的哦,从现在开始,希望你能做到按时上学、按时上课、守好每一个约定哦!

有求于人时要有礼貌

楠楠,看到那个戴粉帽子的哥哥了吗?你去问问他。

一眨眼的工夫,时光仿佛倒流了。

不好意思,可以打扰您一下吗?哥哥您好,我想去知礼书店,请问您知道路吗?

哥哥开心地为楠楠指了路。

寻求别人帮助时，保持礼貌是最基本的礼仪，只有这样，别人才愿意对你伸出援手！

做客时不能乱翻东西

妈妈，表弟家有好多玩具！比我的多多了！

回来乖乖坐好。

妈妈忙着收拾楠楠刚才留下的烂摊子。

坐在沙发上的楠楠还是不消停，不停地东翻西找。

你在找什么？

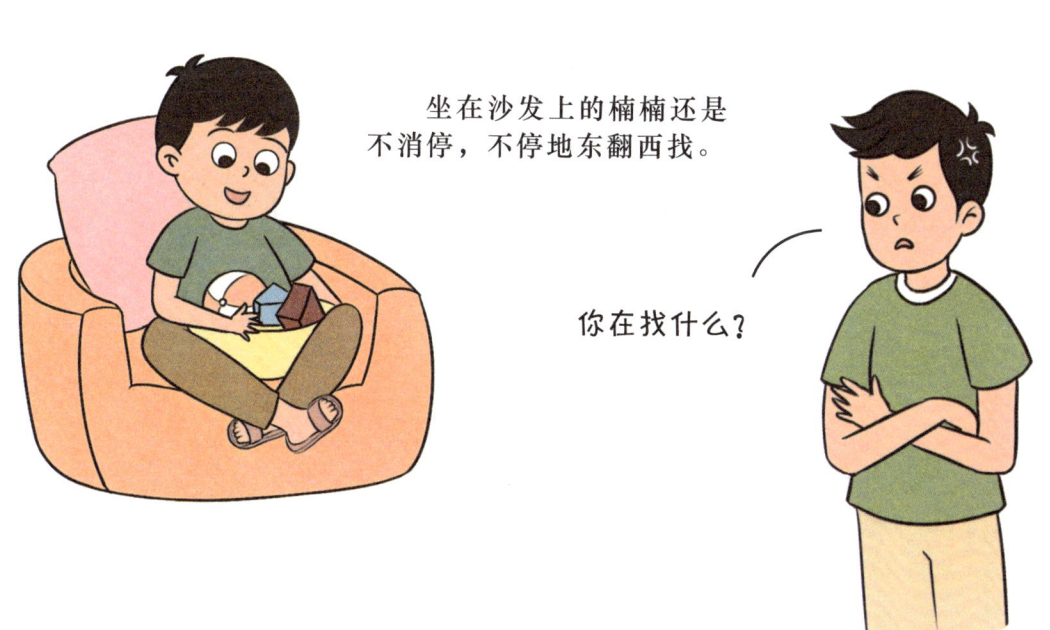

楠楠,此般行径非常不妥哦!

可是我没有做什么坏事呀,我只是好奇嘛。

可你现在身处表弟家,在别人家乱翻东西是非常不礼貌的!

可……

你被邀请到表弟家做客,你便是客人,客人一定要尊重主人,如果你想拿什么东西一定要经过主人的允许才行,这是最基本的礼仪,也是做客之道!

我以后不再这样做了!

小朋友,边界感是非常重要的啊!边界感是人与人交往的距离和界限。在这个世界上,只有我们自己的东西是可以由自己自由支配的,属于别人的东西一定要经过物主人的允许才能动哦!在别人家中守规矩、不乱翻东西,也是做客的基本礼仪。别人往往能从是否乱翻东西这一件事上看出你的家庭教养的好坏,所以小朋友一定要多多注意呀!

咳嗽、打喷嚏可不能对着别人

对着别人咳嗽、打喷嚏是非常不礼貌的行为，而且也会导致病毒扩散，危害别人的身体健康，所以小朋友一定要牢牢记住不要这样做啊！

茶满欺人，酒满敬人

中秋节这天，楠楠的姥爷从老家赶来和楠楠一家团圆。爸爸和妈妈正在厨房大展身手，准备做一桌丰盛的中秋晚餐。

楠楠，给姥爷添茶！

好！

眼看茶杯就要满了，可楠楠还是没有停下的意思，硬是将茶水添得满满当当，眼看下一秒就要溢出来才停手。

哎哟！

为什么？我只是想让姥爷能多喝一点儿。

"宋朝有一个非常有名的官吏，他待人随和，常常有朋友来与他攀谈。有一天，在他的住处附近，常和他闲谈喝茶的学者来了。于是，那官吏就给学者斟了一杯满茶，让他退下，学者明白了官吏的意思，就匆匆离去了。人们常说，倒茶七分满，留得三分情。不将茶斟满，是对客人的尊重，也是体贴对方的表现。你将茶倒得快要溢出来，姥爷不就差点儿被烫到了吗？只是因为姥爷爱你，所以才不会怪罪你，若是换作旁人，心中定然十分不悦。"书生说道。

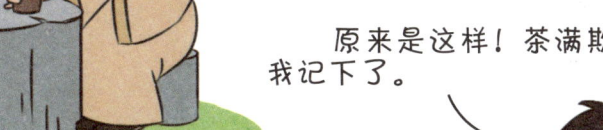

原来是这样！茶满欺人，我记下了。

其实还有一句话与"茶满欺人"相对应，就是"酒满敬人"。两者恰恰相反，酒一定要倒满，不然就会显得主人小气，失了礼数。

我记住了！

"茶满欺人，酒满敬人"能体现出一个人的教养，也是中华民族传统文化延续下来的优良品质，所以小朋友一定要记住哦！

说"对不起"并不难

妈妈正坐在沙发上享受惬意的周末时光,"砰"的一声,楠楠冲进家里,关上门就坐在地上哇哇大哭。妈妈发现楠楠浑身脏兮兮的。

怎么了?跟妈妈说说。

"丁零零,丁零零——"门铃响起,妈妈打开门,看见邻居花阿姨和她的儿子小华站在门口。小华和楠楠一样,也是满身泥巴。

小华妈妈,这是有什么事吗?

这两个孩子玩得好好的,不知道怎么就打起来了。快给楠楠道歉!

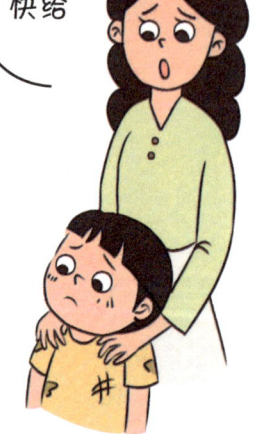

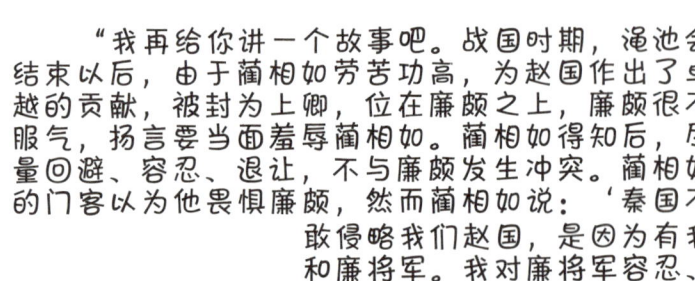

"我再给你讲一个故事吧。战国时期,渑池会结束以后,由于蔺相如劳苦功高,为赵国作出了卓越的贡献,被封为上卿,位在廉颇之上,廉颇很不服气,扬言要当面羞辱蔺相如。蔺相如得知后,尽量回避、容忍、退让,不与廉颇发生冲突。蔺相如的门客以为他畏惧廉颇,然而蔺相如说:'秦国不敢侵略我们赵国,是因为有我和廉将军。我对廉将军容忍、退让,是把国家的危难放在前面,把个人的私仇放在后面啊!'此话传到廉颇耳中,他被蔺相如宽大的胸怀深深感动,自己更是觉得十分惭愧,于是廉颇脱掉上衣,在背上绑了荆条,请人领到蔺相如府上请罪,并沉痛地说:'我是个粗陋浅薄之人,真想不到上卿对我如此宽容。'"书生说道。

听着故事,楠楠早就止住了哭泣。

看吧,其实承认自己的错误也没有那么难!做错了事就要说对不起,只有这样才是一个有教养的好孩子。

好!

小华,对不起,以后我们还是好朋友!

> 很多小朋友都会觉得道歉是一件很没面子的事,觉得"对不起"这三个字很难说出口,这个时候,父母耐心的教导是很重要的!
> 1. 鼓励孩子道歉。让孩子先用间接的方式表达歉意,再循序渐进。
> 2. 做道歉示范。如果孩子羞于道歉,父母可以先代替孩子道歉,给小朋友做一个很好的示范。
> 3. 不要强迫。要跟小朋友讲道理,不能强硬地迫使孩子道歉。

行不中道，立不中门

楠楠，妈妈先看看衣服，等会儿再带你去买篮球。

妈妈在店里逛了很久，楠楠觉得无聊，他急着想走，就站在门口等妈妈。

楠楠直直地立在门的中央，很多出门、进门的人都被楠楠拦住了去路。

楠楠，快进来，妈妈买完这个就走。

妈妈和楠楠走在人行道上,楠楠对新买的篮球爱不释手,哎至直接在路中间运起了球。

哎哟!

对不起!对不起!

不能在路上玩篮球!

为什么?

因为这样是很不礼貌的行为啊!

不礼貌?

《礼记》中有一句话"行不中道,立不中门",意思是:走路时要在道路的一侧走,不要占着中间行走;站立时要站在门的一侧,不要立在中间。你刚刚站在服装店门口的行为与"立不中门"相悖。在路中间打篮球则是与"行不中道"相悖,再说这种行为也非常危险。

对不起,我不知道……

没关系,现在知道还不晚!

"行不中道,立不中门"是一种文明习惯,这既是生活中的礼节,也是为他人方便着想的行为,所以小朋友一定要记住哦!

养成随手关门的好习惯

爸爸妈妈,我回来啦!

洗手,吃饭!

楠楠径直走进房间,家门就这样大敞着。

楠楠,你怎么不关门?

哦,我忘记了……

楠楠洗过手后直接坐在餐桌旁，吃起饭来。

记住哦，一定要养成随手关门的好习惯！如果你的身后还有人，也不要忘记帮他拉住门，顺便提醒他关门哦！

耐心倾听

表弟一家来楠楠家做客,表弟和楠楠坐在沙发上看电视,楠楠妈妈在一旁陪着两人。

你最近在学校表现得怎么样啊?

挺好的,最近老师还……

快看!变身了!变身了!

你接着说。

怎么了？

打断别人说话是很不礼貌的行为哦！

我一直在看电视，没注意别的。

在与人交往中，耐心倾听是非常重要的，没有人喜欢在自己说话的时候被别人打断，你肯定也是。所以换位思考一下，你也最好不要打断别人说话哦，这是对别人的尊重，也是对你自己的尊重。

我记下了！

　　打断别人说话是一种很不好的习惯，小朋友在与人交往的过程中，一定要记住两点：首先，自己有意见要发言的时候，要等别人说完你再说；其次，如果实在有急事需要打断别人说话，要先礼貌地说声"对不起"。

换位思考很重要

爸爸加班到很晚才回家，他疲惫地坐在沙发上休息。

累了吧？

爸爸，陪我玩玩具！

爸爸明天再陪你玩可以吗？

不嘛，您昨天都答应我了今天陪我玩！

所以呀,你的爸爸也是一样的,如果你是你的爸爸,你现在最想做的一定是好好休息。换位思考就是站在他人的立场思考问题,设身处地地为别人着想,互相包容、理解,这是人与人交往的基础,如果能做到这一点,那你就会成为一位很棒的小朋友!

我记住了!

爸爸!您去休息吧,明天再陪我玩吧!

> 换位思考很重要,我们要多站在别人的立场思考问题,做一个懂得包容、理解,懂事的小朋友哦!

做人做事言而有信

星期日的晚上，钟表上的指针已经指向十点钟，楠楠还坐在沙发上目不转睛地盯着电视。

楠楠，快去睡觉！明天还要上学呢。

我再看一会儿，就一会儿！

不行！太晚了。

书生解释道:"这句话出自一个典故哦,有一位卫国的大夫叫棘子成,他一直认为一个人只要天性好,就不需要再受教育、求知识、学文化。于是他问子贡:'君子只要质地好就行了,要文采干什么?'子贡与棘子成的想法却不同,子贡认为文与质同样重要,君子应该文质兼备,而不是一定要在文与质中择其一,于是子贡回答:'你竟然这样来谈论君子?话一说出口,驷马也追不上。'子贡对于棘子成这种主张很不赞成,便用'一言既出,驷马难追'这句话来批评棘子成。"

一个人说一句话,可谓轻而易举,但话一说出口,其传播速度之快,即使是最快的驷马——一种用四匹马拉的车子,是当时速度最快的交通工具——也追不上。我们说话一定要算数,不能随心所欲,想说什么就说什么。兑现诺言,遵守承诺,是很重要的品质。

遵守承诺……

没错,你对妈妈的承诺既已说出口,就一定要遵守才行,这才是君子所为。

小朋友，诚实守信是每个人必须具备的最基本的修养，人与人之间当以诚相待。"君子一言，驷马难追"，自己说的话一定要做到哦！

学会感恩

妈妈和楠楠来到超市,妈妈推着购物车挑选商品,一位叔叔也推着购物车迎面而来。

叔叔看到楠楠妈妈后,他先挪开了自己的车,为楠楠妈妈和楠楠让路。

妈妈一手拎着购物袋,一手牵着楠楠,走到大门口时,一个小女孩拉开了门让楠楠妈妈和楠楠先走。

　　小朋友，经常说"谢谢"的人是懂得感恩的人，这类人往往能感受到别人的善意，同时自己也会受到别人的喜爱。如果你也想成为这类人，就一定要在日常的学习和生活中，多多注意别人的付出，向别人表示感谢，怀着感恩之心面对一切。

给他人起外号很不礼貌

妈妈，我们班的胖胖和四眼仔今天在教室里吵架了！

什么吵架？胖胖和四眼仔又是谁？

胖胖就是我们班那个很胖的女生啊，我觉得她肯定比很多男孩子都要重。四眼仔就是那个成天戴着眼镜的男生，听说他摘下眼镜就什么都看不到了。不过这都不重要，重要的是他们今天吵架了，我还是第一次看见女生和男生吵架…

你们班上每个同学都会有这样的外号吗？

也不是啊，只有比较有特点的同学才有，妈妈您说这是不是很有趣？

因为被起外号的两个人都很不舒服啊！也许你们觉得这只是在开玩笑，可这对当事人的伤害是非常大的。没有人喜欢别人一直拿自己的痛处说笑，你这么喜欢吃零食，那我以后叫你贪吃鬼怎么样？

才不要！

我明白了！

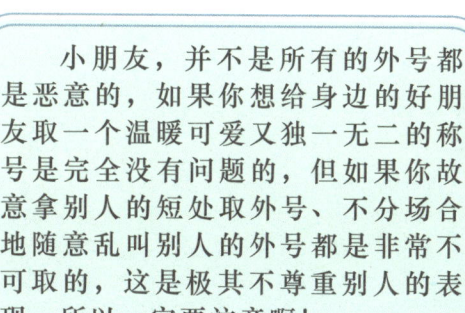

妈妈，我以后再也不随便给别人起外号了，也不再叫别人的外号啦。我明天就去告诉班上的同学们，不能随意给别人取外号！

> 小朋友，并不是所有的外号都是恶意的，如果你想给身边的好朋友取一个温暖可爱又独一无二的称号是完全没有问题的，但如果你故意拿别人的短处取外号、不分场合地随意乱叫别人的外号都是非常不可取的，这是极其不尊重别人的表现，所以一定要注意啊！

不用手随便指人

周末,妈妈和好友打算来一场久违的聚会,爸爸和楠楠坐在沙发上看电视时,妈妈穿着一件粉色裙子准备出门。

妈妈今天好漂亮啊!

真的吗?

真的!

楠楠,把手放下来!

楠楠委屈地收回手,不知道自己又做错了什么。

怎么样?玩得开心吗?

当然啦,各自组建家庭之后我们很少有机会聚会,今天倒有种回到了学生时代的感觉呢。

谁?

那您今天为什么不让我夸妈妈?

楠楠被吓得一激灵，赶紧将手放下，反应过来后他开始哇哇大哭。

为什么这么说?

好像我做什么都是错的……我今天明明什么错都没犯,我夸妈妈漂亮,爸爸还凶我,刚刚又……

爸爸怎么会讨厌你呢?你的爸爸妈妈是这个世界上最爱你的人。今天爸爸生气,是因为你在不知情的情况下又做错了一件事。

什么?

即便嘴里说着夸赞的话,也不能用手指指对方哦!这样即使你说再多的赞美之词,对方也不会高兴的,甚至会觉得很不舒服。

可妈妈今天没有不高兴啊?

因为她是你的妈妈。

今天晚饭时你又用手指爸爸了吧？这是一种非常不礼貌、不尊重别人的行为，没有人喜欢被别人用手指着，你一定也一样，对吧？

我以后再也不会这样做了。

爸爸妈妈，对不起，我以后再也不用手指别人了！

> 小朋友，与人交流时一定不能用手指着别人，这是一种非常不礼貌的行为，并且会给别人带来像被轻蔑和被侮辱的感觉，所以一定要注意哦！

不说脏话

哈哈哈哈，妈妈是傻瓜，这都能忘记。

你说什么？

你怎么能这么说！没大没小的，快给妈妈道歉！

凭什么？

爸爸的怒火瞬间被点燃，冲到楠楠面前，拉起楠楠，要他面壁思过。

爸爸滚出去!楠楠最讨厌爸爸了!

爸爸更生气了,想要将楠楠从妈妈身后拎出来教训一番,楠楠开始在地上撒泼打滚儿。

咦?

哭够了?

禁止说脏话!说脏话是非常不文明、不礼貌的行为,如果出口成"脏",别人会觉得你是一个没有教养的小孩子。

可是爸爸总是没说两句话就开始吼我!

可妈妈对你多温柔啊,你怎么能那样说她呢?况且你可以直接告诉爸爸,你不喜欢他经常发脾气,而不是说脏话来顶撞他,这是很不尊重爸爸的行为!

楠楠点了点头,感到十分惭愧。

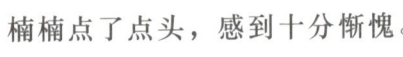

书生走后,楠楠诚恳地向爸爸妈妈道了歉,也认真地和爸爸提出了自己的建议,爸爸也欣然接受,父子俩重归于好了。

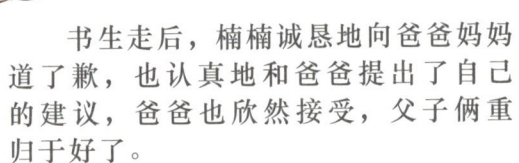

小朋友,说脏话是很不好的行为,一定要注意哦!想让小朋友讲文明懂礼貌,家长在其中要发挥非常重要的作用!首先,家长一定要言传身教,父母是孩子的第一任老师,孩子总是会模仿父母的行为举止,所以父母也要随时随地地规范自己的言行;其次,要引导孩子用别的方式来排解自己的负面情绪,而不是用说脏话来宣泄。家长们一定要牢记哦!

倾听时，看着对方的眼睛

课间，小美和楠楠坐在窗边聊天。

楠楠，我妈妈又要让我去上钢琴课了……

你不想去吗？

不想……但本来是我自己想学钢琴的，可是我这周没有练琴，老师肯定会骂我的……楠楠！你有没有在听我讲话啊！

我在听啊，你继续说！

所以我这周就想请假……但妈妈不许……你说怎么办啊?

嗯?

楠楠!哼,不跟你说了。

怎么回事?

因为小美觉得你没有在认真听她说话啊,她觉得自己没有被尊重。

我很认真地在听啊!一直都在回答她的问题!

可是你的眼睛一直在看外面,不是吗?倾听最基本的就是要做到看着对方的眼睛,这样才能让倾诉者从你身上感受到尊重。你一眼都不看小美,当然会让她觉得你没有在认真听。

哦!我明白了!

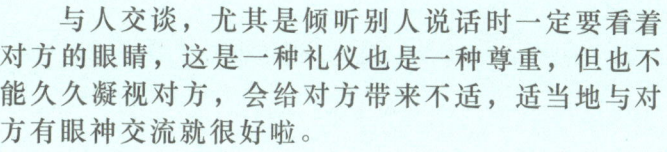

与人交谈,尤其是倾听别人说话时一定要看着对方的眼睛,这是一种礼仪也是一种尊重,但也不能久久凝视对方,会给对方带来不适,适当地与对方有眼神交流就很好啦。

图书在版编目 (CIP) 数据

穷养富养不如有教养 / 小红象童书工作室主编 . -- 北京：中央编译出版社，2024.1（2024.2重印）

ISBN 978-7-5117-4418-0

Ⅰ．①穷… Ⅱ．①小… Ⅲ．①礼仪—少儿读物 Ⅳ．① K891.26-49

中国国家版本馆 CIP 数据核字 (2023) 第 234663 号

穷养富养不如有教养

责任编辑	张　科
责任印制	李　颖
出版发行	中央编译出版社
网　　址	www.cctpcm.com
地　　址	北京市海淀区北四环西路 69 号（100080）
电　　话	（010）55627392（总编室）　（010）55627362（编辑室） （010）55627320（发行部）　（010）55627377（新技术部）
经　　销	全国新华书店
印　　刷	鸿博睿特（天津）印刷科技有限公司
开　　本	710 毫米 × 1000 毫米 1/16
字　　数	41 千字
印　　张	7.5
版　　次	2024 年 1 月第 1 版
印　　次	2024 年 2 月第 3 次印刷
定　　价	48.00 元

新浪微博：@中央编译出版社　　微　信：中央编译出版社（ID：cctphome）
淘宝店铺：中央编译出版社直销店（http://shop108367160.taobao.com）（010）55627331
本社常年法律顾问：北京市吴栾赵阎律师事务所律师　闫军　梁勤
凡有印装质量问题，本社负责调换，电话：（010）55627320